DE LA

RÉDUCTION

DES IMPOSITIONS

DE 1819.

DE LA

RÉDUCTION

DES IMPOSITIONS

DE 1819;

PAR ARMAND SEGUIN,

Correspondant de l'Académie royale des Sciences.

IMPRIMÉ POUR LA SESSION DE 1819.

Le *bien* conduit au *mieux.*

A PARIS,

Chez { DELAUNAY, LADVOCAT, } Libraires, Palais-Royal.

1819.

DE LA
RÉDUCTION
DES IMPOSITIONS DE 1819.

La nation française, dans ses momens de tourmente, a fait tout ce que la difficulté de sa position, son honneur et ses devoirs lui prescrivaient.

Des surcharges prolongées n'ont point abattu son courage.

Le sentiment de leur nécessité les lui a fait accepter avec une résignation franche.

Elle a pourvu, par une accumulation d'efforts soutenus, *à tout l'extraordinaire.*

Elle s'est acquittée.

Dans la position extrême qu'elle devait franchir, le désespoir eût été funeste.

Elle ne désespéra pas ;

Elle se confiait en son Roi ,

Elle fut sauvée.

Comme prix de ses pénibles et immenses sacri-

8

fices, elle recevra avec reconnaissance le commencement de bien qu'on lui procure, et espérera avec confiance un *mieux durable*, complément du bien.

Même avant l'évacuation j'ai senti le besoin de présenter, au moins en perspective, les améliorations financières qu'il était possible d'espérer.

J'ai prouvé, dans les ouvrages que j'ai rédigés à cet effet, qu'une amélioration différerait dans ses résultats, suivant la différence des bases dont on la déduirait.

J'y ai démontré que, même en supposant le choix le plus défavorable, la réduction des impositions devait s'élever en 1819 à 40 millions, et se trouver graduellement portée en 1834 à 148 millions :

Ce qui produirait dans la fortune des contribuables une augmentation qui, en capital et intérêts, s'élèverait à plus de 3 milliards 600 millions.

Déjà, en 1818, la masse des impositions a été réduite de 14,389,627 francs.

En 1819, elle le sera en outre de près de 24 millions, qui, joints aux 14 de 1818, formeront en 1819, une réduction de 38 millions.

Jusqu'à ce moment, la différence des bases n'en a présenté que peu dans les résultats que j'avais pressentis.

Mais pour l'avenir il n'en serait pas ainsi.

Cette première proposition vraie conduit à cette question d'une haute importance.

Les bases adoptées pour une réduction d'impositions en 1819 doivent-elles se renouveler et présenter annuellement une chance d'amélioration durable et croissante ?

S'il en était autrement, ne serait-il pas indispensable, après avoir fait tout le bien que comportait la situation de 1819, d'établir pour les années suivantes les fondemens solides et durables, non-seulement d'une maintenue, mais encore d'un accroissement de réduction d'impositions ?

Ce serait, après avoir obtenu le *bien*, arriver au *mieux*.

Ce n'était que dans la discussion du budget des besoins, qu'il était possible de découvrir une source réelle de diminution d'impositions.

Lorsque, dans les projets de budgets, les besoins et les moyens se balancent, la diminution des dépenses est la seule voie ouverte pour une diminution d'impôts.

Toute réduction d'impositions, déduite uniquement d'un revirement de parties dans le budget des voies et moyens, n'est, en dernière analyse, qu'une transposition de chiffres, qui peut procurer des avantages, mais qui ne peut jamais être assimilée à une réduction réelle.

Et en effet, comme l'ensemble de la nation paie la totalité des impositions, de quelque nature qu'elles soient, si une diminution sur les impositions foncières se trouve être balancée par une augmentation sur les impositions indirectes, il y a égalité dans la balance numérique, et en masse la nation se trouve payer la même somme d'impositions, qui, seulement dans son application, est moindre relativement aux impositions foncières, et plus forte relativement aux impositions indirectes.

Mais si cette différence d'application ne produit point une amélioration numérique, elle en produit une relative, presqu'également importante.

En effet, une plus grande recette sur les impositions indirectes est l'indice certain d'une plus

grande latitude d'industrie, de commerce et d'aisance. Cet excédant de produits indirects venant
à la décharge de la propriété foncière, l'industrie et le commerce semblent lui restituer ainsi,
dans leur aisance, les sommes que, subsidiaire-
ment et par surcharge, elle donnoit temporai-
rement; et s'il étoit possible que les contributions
indirectes produisissent, en excédant, sommes
suffisantes pour ramener, par leur imputation à
la décharge de la propriété, la contribution de
celle-ci à sa juste mesure, on aurait alors bien
certainement obtenu la perfection du système
des impositions.

Ainsi, c'est déjà une amélioration et un sou-
lagement, qu'un accroissement sur les impositions indirectes qui vient diminuer, dans une
égale proportion, la somme des impositions foncières.

Les Chambres auront ajouté à cette première
amélioration celle d'une imputation par la voie
du dégrèvement, non moins importante parce
qu'elle était d'une justice rigoureuse.

Elles auront enfin réduit les impositions d'une
somme à-peu-près équivalente à celle de la réduction des dépenses.

C'était, pour l'instant, tout ce qu'elles pouvaient et tout ce qu'elles devaient faire.

Mais cette amélioration, cette réduction actuelle, pourrait-elle n'être pas durable?

On doit d'autant moins repousser cette question, que toute illusion en ce genre pourrait être bien dangereuse.

Et il faut bien le dire quand on en a le sentiment; il semble impossible de ne pas craindre que les bases d'une telle réduction ne soient pas stables, qu'elles ne présentent pour l'avenir d'assez grandes chances d'éventualité, et ne forcent tôt ou tard à un retour en sens rétrograde.

Et en effet, si des dépenses qu'on a cru pouvoir supprimer en 1819 devenaient nécessaires en 1820, ou si d'autres, soit analogues, soit différentes, devenaient impérieuses à cette époque, il faudrait bien alors recharger les impositions d'une partie, peut-être de la totalité (peut-être même plus) des sommes dont on aurait déchargé les impositions de 1819.

Ce mal est possible; il semblerait même probable, ne fût-ce que par les considérations suivantes :

1°. Parce qu'en 1819 on aurait porté à leur maximum, peut-être même au-delà, les évaluations des impositions indirectes ;

2°. Parce que l'année 1820 se présentera chargée d'un service extraordinaire de 100 millions pour solde des contributions de guerre, service qui ne se trouve couvert que par un crédit en rentes à 75 francs, qu'on ne pourrait assurer devoir être suffisant ;

3°. Enfin, parce que les années 1821, 1822, 1823, 1824 et 1825, auront à réaliser le paiement des 360 millions d'*arriéré français*.

Dans notre premier besoin d'une amélioration, ces considérations de prévoyance devaient ne pas avoir une trop forte influence.

Mais, après avoir fait le bien, songeant au mieux, le choix des moyens semble appeler une attention plus étendue sur l'avenir.

Le mieux possible serait de consolider le bienfait de la réduction actuelle.

Déduite des bases qui l'ont produite, elle n'est pas d'une durée certaine : je crois l'avoir fait entrevoir suffisamment.

Cette idée me ramène et me rattache à un

moyen principal de réduction, moyen certain, durable en son effet, *donné par la Loi*, et que j'ai présenté dans mon ouvrage intitulé :

Observations sur un Moyen DONNÉ PAR LA LOI, *de réduire les Impositions.*

ARMAND SEGUIN.

Imprimerie de P. GUEFFIER, rue Guénégaud, n°. 31.